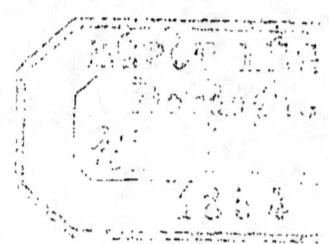

École

SECONDAIRE ECCLÉSIASTIQUE

DE SARLAT.

AGAPIT,

DRAME CHRÉTIEN EN TROIS ACTES

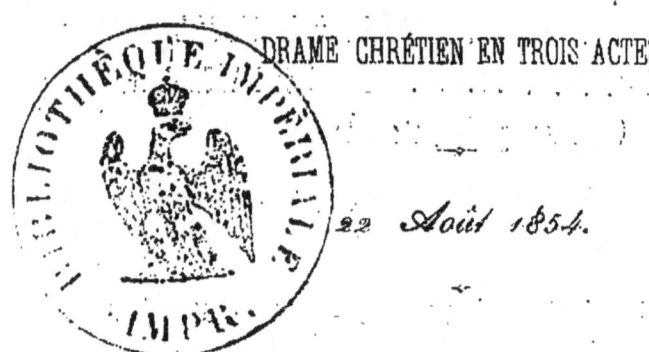

22 Août 1854.

**Distribution des Rôles. — Exposition du Sujet.
— Paroles des Chœurs.**

PÉRIGUEUX,

IMPRIMERIE DUPONT ET Cᵉ, RUE TAILLEFER.

—

Août 1854.

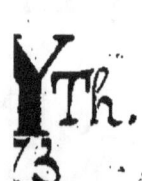
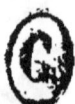

DISTRIBUTION DES ROLES.

—◦◦❖◦◦—

Antiochus, gouverneur de Préneste. . .	Théodore GAGNEBÉ.
Lysandre, père d'Agapit.	Félix LAVEYRIE.
Agapit.	Henri de MONTEIL.
Mételle, grand-prêtre.	Alfred de MARSAGUET.

Choristes, gardes, etc., etc.

Incedunt pueri, pariterque ante ora parentum
. . . .

(Virg., Æneid., V, 553.)

La scène est à Préneste *(aujourd'hui Palestrine).*

EXPOSITION DU SUJET.

On lit dans le *Martyrologe romain*, sous la
date du 18 août : « A Palestrine, la fête de
» saint Agapit, martyr, qui, n'étant âgé que
» de quinze ans, mais brûlant d'un ardent
» amour pour Jésus-Christ, souffrit de très
» cruels tourments sous l'empereur Aurélien
» et le président Antiochus. Frappé par le
» glaive des exécuteurs, il reçut enfin la
» couronne immortelle. » Ces quelques li-
gnes ont fourni les premières données de la
pièce.

L'auteur d'*Agapii* est le P. Ch. Porée ; il a
écrit en vers latins. Les chœurs ont été mis
en musique par M. Jules Balthazar, de
Montauban.

PAROLES DES CHŒURS.

PREMIER CHŒUR.

PROLOGUE.

scène représente un bois sacré aux environs de Préneste. On y voit la statue d'Hébé, à qui de jeunes païens, le grand-prêtre à leur tête, chantent un hymne et offrent de l'encens.

UN ENFANT.

Ce gracieux bocage,
Ce verdoyant feuillage,

De fleurs tout embaumé :
Tel est de la Déesse
Qu'honore la jeunesse
Le séjour bien aimé.

LE CHOEUR.

Venez, venez pleins d'allégresse ;
Venez, venez, de la jeunesse
　Chantons l'aimable déité.
Hébé, reçois cette couronne,
Ces fleurs, cet encens que te donne
　La jeunesse de la cité.

LE GRAND-PRÊTRE. *(Il parle.)*

Chers enfants, Hébé va se plaire
A vos dons, à vos chants pieux.
Hébé, du maître du tonnerre,
Verse le nectar dans les cieux !

UN ENFANT.

Verse aussi, verse à la jeunesse,
Épanche sur nous, ô Déesse,

La coupe pleine du plaisir,
De qui l'ivresse
Enchanteresse
Fait tressaillir.

LE CHOEUR.

Venez, venez, etc.

LE GRAND-PRÊTRE. *(Il parle.)*

Hébé nourrit d'ambroisie enivrante
Les blancs coursiers de la mère des Dieux,
Donne le frein à leur bouche écumante
En caressant leurs flancs impétueux.

UN ENFANT.

Modère aussi de la jeunesse,
Modère la fougue, ô Déesse,
Les passions et cette ardeur
Qui la transporte
Et qui l'emporte
Loin du bonheur.

LE CHOEUR.

Venez, venez, etc.

LE GRAND-PRÈTRE. *(Il parle.)*

Quand le maître des Dieux, au vaillant fils d'Alcmène
Unit, ô jeune Hébé, ton innocente main,
A ce héros, captif d'une si belle chaîne,
 Tu fis chérir les lois d'hymen.
 L'Olympe chanta l'alliance
 De la valeur, de la mâle vertu,
 Et des grâces que l'innocence
 Répand sur un front ingénu.

LE CHOEUR.

 Chantons, nous aussi, l'alliance
 De la valeur, de la mâle vertu,
 Et des grâces que l'innocence
 Répand sur un front ingénu.
 Venez, venez, etc., etc.

(Agapit paraît, suivi d'une troupe de jeunes chré-
 tiens; il vient briser la statue d'Hébé.)

DEUXIÈME CHŒUR.

A la fin du premier acte, Agapit a quitté son père. Nous le retrouvons dans une solitude où de jeunes chrétiens se sont rassemblés autour d'une croix pour prier avec lui.

AGAPIT.

Devant cette croix solitaire,
Amis, implorons pour mon père
Le rayon illuminateur,
Le rayon céleste et vainqueur
Qui dissipe par sa lumière
La nuit profonde de l'erreur.

LE CHOEUR.

Exauce-nous, grand Dieu, dont la loi salutaire
Nous fait d'aimer un père un aimable devoir !
Pour son père, Agapit t'adresse sa prière ;
Nos vœux, unis aux siens, puissent-ils t'émouvoir !

    Devant le signe d'espérance,
    Nous te prions, exauce-nous ;
    Assemblés par la confiance,
    Tu nous vois tous à tes genoux !

UN ENFANT.

D'un cœur chrétien, ô cruelles alarmes,
Quand un fils voit son père obstiné dans l'erreur !
Mais s'il te fait, ô Dieu, le témoin de ses larmes,
Son doux espoir ne sera pas trompeur.

UN AUTRE ENFANT.

N'as-tu pas dit que notre confiance
Placée en toi ne nous trahit jamais ?

LE PREMIER.

Ne peux-tu pas puiser dans ta clémence,
O Roi des cœurs, d'inévitables traits?

LE SECOND.

Qu'est devant toi la faible créature
Pour résister aux traits de ton amour?

LE PREMIER.

A ta clarté, la nuit la plus obscure
Peut s'éclairer soudain comme le jour.
D'un cœur chrétien, etc., etc.

LE CHŒUR.

Exauce-nous, grand Dieu, etc.

AGAPIT.

Éloignons-nous, amis; j'emporte l'assurance
Que je suis exaucé : car Dieu met dans mon cœur
    L'inébranlable confiance,
    Signe certain de sa faveur.
Il allége mon cœur de la douleur secrète
Qui dans tous les tourments, tourments plus douloureux,
Eût seule pu troubler l'allégresse parfaite
Qui rend le sacrifice agréable à ses yeux.
Oui, désormais j'irai, j'irai d'un pas agile
    Offrir mon corps et ma tête docile
    A la fureur des plus cruels bourreaux,
    Au fer, aux feux, à des tourments nouveaux;
    Et, fort d'une douce espérance,
    Rien n'ébranlera ma constance.

TROISIÈME CHŒUR.

— ❧ —

De jeunes chrétiens, accourus auprès d'Agapit, l'encouragent au martyre.

AGAPIT.

O doux espoir dont mon âme est ravie !
O mes amis, pour moi c'est l'heureux jour !
A notre Dieu je vais donner ma vie :
C'est la suprême épreuve de l'amour !

Du haut du ciel Jésus-Christ m'examine ;
Sous son regard je ne faillirai pas :
>> Grâce divine,
>> Soutiens mes pas !

LE CHŒUR.

Au martyre, à la victoire,
Nous voulons voler avec toi ;
Nous voulons mourir pour la foi :
Ouvrez-vous, portes de la gloire !

UN CHRÉTIEN.

Quand le fer sur ma tête
>> Se lèvera
>> Et brillera,
>> Que je répète
>> Avec transport,
>> Bravant la mort :

O croix ! mon espérance,
Étendard de mon Roi,

Sois ma défense,
Je meurs pour toi !

DUO.

O croix ! mon espérance, etc.

UN ENFANT.

Alors mes mains tremblantes
Te chercheront ;
Mes paupières mourantes
Se fermeront ;
Mes lèvres défaillantes
Te presseront.

DUO.

O croix ! mon espérance, etc.

LE CHOEUR.

Au martyre, etc.

UN ENFANT.

Cher Agapit, au combat Dieu t'appelle ;
Marche pour lui plein de force et de foi !
Nous, tes amis, pour la même querelle
Nous voulons mourir avec toi.

AGAPIT.

Je vous entends, mon Dieu, je ne tarderai plus ;
Oui, je le sens, la mort est une fête,
Quelque cruelle qu'on l'apprête,
Quand on va mourir pour Jésus.
O doux espoir, etc.

LE CHOEUR.

Au martyre, etc.

QUATRIÈME CHŒUR.

—◆—

La scène s'ouvre dans les catacombes. Les chrétiens sont réunis autour d'un tombeau, le tombeau de saint Agapit. — Lysandre est agenouillé auprès. Il avait annoncé qu'il vengerait sur le grand-prêtre la mort de son fils ; mais il se lève et dit :

Les noirs projets de haine et de vengeance,
Oui, je le sens, expirent dans mon cœur ;
Une nouvelle et céleste influence
Répand sur moi l'effet de sa douceur.

O saint martyr, mon cœur vers toi s'élève !
Tu me souris des séjours immortels ;
Sur ce tombeau je dépose mon glaive ;
Vois, je renonce à mes projets cruels.

Le Christ, mon fils, qui t'admet dans sa gloire,
Je vais l'aimer, le servir comme toi ;
    J'aspire à la même victoire,
    Aux mêmes combats pour la Foi.

(Il chante.)

Mais permets-moi qu'embrassant cette pierre,
Je puisse encore exprimer mes douleurs ;
En te perdant, mon fils, sur cette terre,
J'ai tout perdu : pardonne-moi ces pleurs.
Ces pleurs, mon fils, troubleraient-ils ta gloire,
Ta sainte joie au séjour bienheureux ?
Je me tairai ; mais, hélas ! ma mémoire
Conservera ce penser douloureux...

LE CHŒUR.

Pleurez, pleurez, ô tendre père !
Pleurez, car votre fils n'est plus !

Il n'est plus, hélas ! sur la terre ;
Le ciel couronne ses vertus.
Pleurez, pleurez, ô tendre père !
Pleurez, car votre fils n'est plus !

LISANDRE.

Je puis pleurer ; vous coulerez, mes larmes,
Sur ce tombeau vous coulerez souvent,
Et ce seront mes plaisirs et mes charmes
Chaque matin de pleurer mon enfant ;
Et chaque soir, l'astre qui nous éclaire,
Vers l'occident précipitant son cours,
Me reverra pleurer sur cette pierre :
Ainsi, mon fils, je partage mes jours.

LE CHŒUR.

Pleurez, pleurez, ô tendre père ! etc.

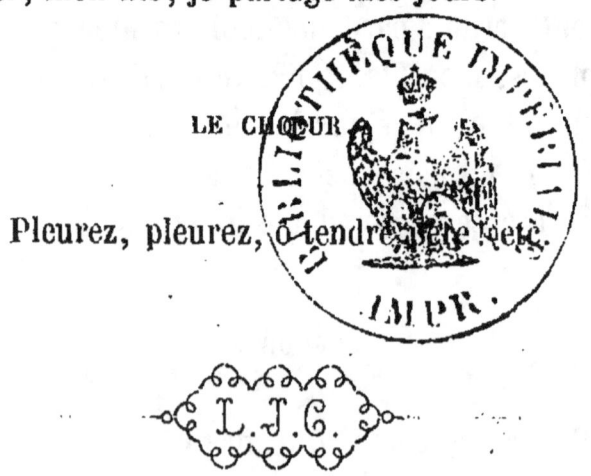

www.ingramcontent.com/pod-product-compliance
Lightning Source LLC
Chambersburg PA
CBHW030124230526
45469CB00005B/1794